PROJET

POUR

CONSTITUER UNE RENTE

A TOUS LES CITOYENS

ET

AMORTIR LA DETTE PUBLIQUE

PARIS
DUBUISSON ET Cie, LIBRAIRES
5, RUE COQ-HÉRON, 5

PROJET

POUR

CONSTITUER UNE RENTE

A TOUS LES CITOYENS

ET

AMORTIR LA DETTE PUBLIQUE

PARIS

DUBUISSON ET Cⁱᵉ, LIBRAIRES

5, RUE COQ-HÉRON, 5

PROJET

POUR CONSTITUER UNE RENTE A TOUS LES CITOYENS

ET AMORTIR LA DETTE PUBLIQUE

La question ouvrière est un des points les plus importants qui doivent appeler notre attention. Elle se rattache à tous les intérêts sociaux. Aussi devons-nous faire appel à toutes les intelligences pour arriver à une solution qui, en ramenant la confiance, en augmentant la prospérité du pays, en apportant le calme dans les esprits, donnerait une satisfaction légitime aux désirs de l'ouvrier, désirs qui malheureusement se manifestent aujourd'hui par des actes arbitraires et jettent le trouble dans la société.

* *
*

Il est à remarquer que cet état latent de trouble tient au partage du travail, travail qui se produit de deux façons, qui sont dépendantes l'une de l'autre.

Le travail manuel et le travail intellectuel.

Le travail manuel revient à l'ouvrier. C'est de 20 à 30 ans que l'ouvrier, se trouvant dans l'âge où la force active est la plus grande, gagne le plus d'argent. Mais aussi, c'est l'âge où l'homme, dominé par toutes les passions, aime la vie joyeuse ; sa jeunesse le rend imprévoyant.

Ce n'est que lorsque la maturité lui vient que l'ouvrier songe à quitter cette vie turbulente et qu'il se marie.

Mais avec le mariage arrivent les charges; s'il est homme d'ordre, bon père de famille, il sacrifie tout pour élever ses enfants; tout ce qu'il gagne y passe, et une fois sa famille élevée, ses enfants en âge de subvenir à leurs besoins, l'ouvrier et sa femme se trouvent sans ressources : ils ont atteint l'âge de 60 ans. A cet âge, les forces leur faisant défaut, ils perdent leurs moyens d'existence; ils sont à la charge de leurs enfants, qui, eux-mêmes, étant mariés, ayant une famille à élever, ne peuvent venir en aide à leurs père et mère : ils souffrent de se voir impuissants à leur rendre les soins qu'ils ont reçus d'eux.

Dans cette situation, l'ouvrier âgé, se voyant abandonné par sa·famille ou se sentant à sa charge d'une façon humiliante, rejeté aussi par son incapacité physique des ateliers où il travaillait, cet homme devient alors ennemi de la société dans laquelle il vit et qui l'abandonne. Le chagrin, le découragement s'emparant de lui, il s'adonne à l'ivrognerie et va mourir à l'hôpital.

Ainsi donc, deux hommes étant arrivés à l'âge de 60 ans, et ayant vécu, l'un du travail manuel, l'autre du travail intellectuel, celui auquel aura été dévolu par la destinée le travail manuel se trouvera dépourvu de ressources; abandonné de la société, il ira mourir à l'hôpital, tandis que celui qu'une autre destinée aura fait vivre du travail intellectuel aura deux moyens d'existence : d'abord le savoir et l'expérience des affaires, et en outre, si dans le cours de sa vie les circonstances l'ont favorisé, il aura acquis une fortune qui, dans cette classe de la société, se trouve presque toujours augmentée par les héritages de famille, héritages qui font toujours défaut dans les familles d'ouvriers.

De cet ordre social qu'advient-il ? C'est que celui qui a vécu du travail manuel, arrivé à 60 ans, devient incapable de subvenir à ses besoins ; il s'insurge alors contre la société, il la prend en haine ; tandis que celui qui a vécu du travail intellectuel devient au contraire conservateur, et, comme il ne souffre pas matériellement, qu'il est même dans l'aisance, il ne voit pas la nécessité des réformes ; il reste donc conservateur. En tous cas, si, dans le cours de sa vie, il a été frappé par la fatalité, ou si ses goûts l'ont entraîné à une vie désordonnée, il ne s'en prendra toujours qu'à lui-même et non à la société.

Ainsi donc, à l'opposé du travail manuel, le travail intellectuel a pour résultat d'amener l'homme à réaliser par les années un premier capital qui est celui de l'expérience, de la pratique des affaires, et si les circonstances lui sont favorables, s'il a des aptitudes d'ordre, d'économie, l'homme réalisera un deuxième capital, celui de l'argent, c'est-à-dire la fortune ; mais à défaut de ce deuxième capital, il n'en aura pas moins pour lui, à 60 ans, l'expérience et le savoir. Son acquis comme médecin, avocat, notaire, avoué, écrivain, architecte, ingénieur, manufacturier, etc., lui procurera des moyens d'existence, qui à cet âge sont perdus pour l'ouvrier, puisque le salaire de ce dernier dépend d'un travail manuel que l'affaiblissement de ses facultés physiques ne lui permet plus d'exécuter.

La perspective de ce triste avenir est constamment sous les yeux de l'ouvrier. Dans sa jeunesse même, il y pense, et c'est alors qu'exploité par des énergumènes, des esprits mauvais, tracassiers, il se laisse entraîner à l'insurrection, dans l'espérance que, par une révolution, il pourra améliorer sa situation, et comme il le dit en termes vagues : *conquérir ses droits*.

Il n'en est pas de même de l'homme dont l'existence est basée sur le travail intellectuel. — Si dans sa jeunesse il gagne moins que l'ouvrier, si ses débuts sont plus ardus, néanmoins, et à l'opposé de la carrière de l'ouvrier, il gagne de plus en plus au fur et à mesure que ses années augmentent. Le travail intellectuel le conduit à la réalisation des deux capitaux : la fortune et la connaissance pratique des affaires.

Ainsi, un industriel dirigera un établissement à 50 ou 60 ans avec plus d'expérience et de savoir qu'un jeune homme de 25 ans. Il en est de même du banquier; on préférera consulter un médecin âgé de 50 à 60 ans, qu'un jeune médecin de 25 ans; on aimera mieux consulter un avocat de 50 à 60 ans qu'un jeune avocat de 25 ans. Les œuvres d'un écrivain de 50 à 60 ans seront mieux appréciées que celles d'un jeune auteur de 25 ans. Il en est de même pour toutes les professions où le travail est intellectuel.

Voilà donc deux hommes qui, ayant parcouru chacun une carrière différente, deviennent, à soixante ans, ennemis l'un de l'autre. Le contraste de leurs positions respectives a pour effet de faire naître cette division dans les esprits, ce trouble latent qu'éprouve la société, ce malaise qu'elle ressent, cette inquiétude qui la paralyse et dont elle se plaint. Et pourtant, la société ne doit s'en prendre qu'à elle de cette situation.

Il est constant que l'ouvrier apporte dans le cours

de sa vie son contingent d'utilité à la société. En effet, s'il travaille dans un établissement où la production a lieu par des moyens mécaniques, ces instruments mécaniques que l'on met à sa disposition sont toujours améliorés sur ses avis ; et, s'il n'en est pas le créateur, l'inventeur, c'est presque toujours à lui que revient le mérite des perfectionnements ; et de ces améliorations qui lui sont dues que lui revient-il ? Rien, si ce n'est une satisfaction d'amour-propre, en ayant fait preuve de sagacité. C'est par ces améliorations, presque toujours dues à l'initiative de certains ouvriers, que ces instruments arrivent à un grand perfectionnement dont les industriels et la société profitent.

On le voit, le travail intellectuel ne peut se dispenser du travail manuel, l'un et l'autre se tendent la main ; et pourtant le travail manuel est celui qui, dans l'ordre social, se trouve sacrifié au travail intellectuel, ce qui est injuste. Il ne faut pas que le travail intellectuel profite seul des avantages et des bénéfices de l'industrie ; il faut que l'ouvrier, arrivé à un âge où il ne peut plus travailler, trouve aussi sa part en raison des services qu'il a rendus dans le cours de sa vie. Si l'on persiste à vouloir qu'il en soit autrement, la société n'aura jamais sa sécurité.

A cette démonstration, ajoutons cette vérité qui s'applique tout aussi bien à la société représentant un être collectif qu'à l'individu.

C'est que l'homme honnête, d'un sens droit, a deux qualités principales : la réflexion et la dignité.

La première de ces qualités, la réflexion, le conduit à l'examen des faits, à l'amour du droit et de la justice.

La seconde, la dignité, est la conséquence de la première : c'est ce respect de lui-même qui est inné chez lui.

C'est ainsi que, partant de ces principes naturels, la société doit être dominée par un sentiment de justice et de sollicitude à l'égard de tous ses membres; les uns ne doivent pas être plus favorisés que les autres; ils se doivent une mutualité de secours; il faut que les institutions aient pour base une égale répartition de tous les bienfaits qu'elles sont appelées à rendre.

C'est dans le recueillement que la société, faisant appel à tous les sentiments élevés, doit provoquer, par des réformes, l'amélioration du sort de l'ouvrier dans sa vieillesse.

Sa dignité y est engagée, parce qu'elle ne doit souffrir rien d'injuste dans ses institutions.

Sa sécurité en dépend, car toute violation de l'équité amène le trouble.

En présence de cette situation grave qui nous est créée par l'inégalité des biens, source des troubles qui agitent notre pays, nous venons exposer une combinaison qui, nous le croyons, répondra au but que nous désirons tous atteindre, c'est-à-dire arriver à une parfaite harmonie, qui mette fin à tous nos malheurs sociaux.

Les considérations que nous venons d'exposer nous amènent à reconnaître que la pensée qui absorbe aujourd'hui l'ouvrier, c'est le désir d'avoir un certain revenu pour le moment où l'âge ne lui permettra plus de travailler : là est sa plus grande préoccupation, et, dans tous ses actes, il est dominé par le désir ardent d'éviter la misère à ses vieux jours.

Il a recours aux moyens les plus violents, la coalition

et la grève, pour arriver à des augmentations de salaire et à des participations aux bénéfices dans les maisons où il travaille.

Ces moyens, contraires à l'ordre social, apporteront, s'ils continuent à être mis en pratique, le plus grand trouble dans l'industrie et amèneront un jour la ruine du pays.

Il faut donc prévenir cet état de choses. — Mais pour cela, il faut reconnaître qu'il n'y a pas d'effet sans cause ; que l'effet, c'est-à-dire ce malaise social, vient de ce que l'ouvrier voit avec effroi l'avenir misérable qui lui est réservé dans sa vieillesse. Il demande à la société de lui venir en aide.

Cette aide, il la sollicite par tous les moyens, même par les moyens les plus violents (grève, coalition, émeute, guerre civile, etc.). Pourtant nous devons reconnaître un principe qui est celui-ci :

« La société se doit à chacun des membres qui la com-
« posent, et réciproquement chacun de ses membres se
« doit en entier à elle. »

La société doit être la tutrice de chacun de ses membres et veiller à leur bien-être. A-t-elle jusqu'à ce jour rempli complètement ce devoir ? Non, elle ne l'a rempli qu'en partie dans l'ordre social : nous voulons parler des lois civiles ; mais cela ne suffit pas : il faut qu'elle complète son œuvre en sauvant de la misère la vieillesse de l'ouvrier.

*
* *

Pour répondre à cette nécessité que nous considérons comme absolue, nous proposons d'assurer une rente à chaque vieillard au moyen d'une contribution minime.

Nous demandons que chaque commune s'impose mensuellement de 12 cent. 1/2 par habitant (homme, vieillard, femme et enfant), soit 1 fr. 50 cent. par an et par chaque tête.

Or, s'il existe en France 40,000,000 d'âmes, cette contribution produira une somme annuelle de 60,000,000 de francs; réduisons-la à 50,000,000 de francs.

Avec cette somme, qui se renouvellera chaque année, on achètera des titres de rente, dont les intérêts capitalisés produiront au bout de quatorze ans, une somme de 1,000,000,000, ce qui constituera un revenu fixe de 50,000,000.

Ce revenu constitué, on en ferait immédiatement la répartition à raison de 500 fr. par chaque vieillard, en le prenant à l'âge extrême, soit cent ans, puis on descendrait jusqu'au complément des 50,000,000.

De telle sorte qu'au bout de ces quatorze années, 100,000 vieillards auraient une retraite de 500 fr.

Après cette période de quatorze ans, la contribution de l'année qui suivra étant de 50,000,000 donnera un revenu de 2,500,000 fr. ; elle permettra donc d'augmenter de 5,000 le nombre des vieillards retraités, et il en sera ainsi, d'année en année, jusqu'au moment où l'on sera arrivé à soixante ans.

Tout le monde aura droit à cette rente, mais il est probable que les personnes riches feront l'abandon de leur part ou même enrichiront l'œuvre commune par leurs dons, et que d'autres encore, à défaut d'héritiers, lui légueront leur fortune. Le capital sera donc augmenté d'autant et le nombre des ayants droit se trouvera ainsi plus rapidement atteint.

On pourrait aussi, pour arriver plus vite à la réalisation du but proposé dans ce projet, imposer le revenu du pays par une contribution de 1 centime par franc sur les valeurs mobilières industrielles et sur les valeurs immobilières. Or, en admettant que le revenu annuel de la France soit d'environ 10,000,000,000 de francs, cette contribution donnerait chaque année une somme de 100,000,000 de francs.

Cette contribution représenterait la prime d'assurance que la fortune publique payerait pour sa sécurité. Ce serait la participation légitime, naturelle, de tous les citoyens dans les revenus du pays; elle répondrait bien mieux et de la façon la plus complète à cette participation sollicitée par l'ouvrier dans le partage des bénéfices avec les maisons où il travaille, et cela sans vouloir courir les chances de pertes. — Ce qui est une prétention inadmissible en équité et en pratique.

Ainsi donc, au moyen de la contribution directe, personnelle, payée par chaque commune, et de l'impôt spécial sur le revenu du pays, on réaliserait chaque année une somme de 150,000,000 de francs environ, ce qui constituerait, au bout de quatorze années, un capital de 3,000,000,000, lequel produirait un revenu de 150,000,000. — Ce revenu assurerait une retraite de 500 francs à 300,000 vieillards, et, en ajoutant à ce capital la contribution annuelle de 150,000,000, le nombre de retraites s'augmenterait chaque année de 15,000. — On arriverait donc rapidement à la réalisation complète de notre projet: — une retraite à l'âge de 60 ans.

Cette combinaison aura pour effet, si elle est adoptée, d'arrêter chez l'ouvrier la convoïtise et surtout la manie du partage des biens, et de calmer son animosité contre la société; la sagesse lui viendra lorsqu'il verra qu'on s'occupe de lui. Les hommes de 20 à 30 ans, pouvant compter sur un revenu qui, à 60 ans, assurera leur existence, seront sans inquiétude alors même que les circonstances ne leur permettraient plus de faire fortune.

Il faut que la société prenne en affection tous ses membres, car chacun d'eux lui apporte, dans le cours de sa vie, une part d'utilité dans la mesure de ses moyens et de ses facultés. Les hommes qu'une intelligence supérieure ou que des circonstances heureuses ont fait réussir ne doivent pas être seuls assurés contre les maux et les périls de la vieillesse. — Il est nécessaire que la société étende sa sollicitude à ceux qui, moins heureusement doués ou moins favorisés, n'ont pu arriver à l'aisance ou à la fortune. Ils méritent tout autant et même plus d'intérêt. Il faut que la société agisse comme une mère : elle moralisera ainsi la famille. Le vieillard, ne se sentant plus à charge à ses enfants, restera au milieu d'eux. Les enfants, une fois établis, seront heureux de conserver auprès d'eux leurs vieux parents, qui aujourd'hui, faute de secours, meurent presque tous à l'hôpital. L'homme ne sera plus humilié dans les campagnes par la mendicité : — il aura acquis par une communauté d'épargne une retraite qui lui sera payée par l'État lorsqu'il aura atteint l'âge de 60 ans.

L'homme deviendra meilleur, et saura gré à la société de sa sollicitude. — Il sera plus patriote, plus honnête ; la cupidité ne le dominera plus comme aujourd'hui.

Sans entrer en ce moment dans l'examen de la somme de répartition à faire à chaque vieillard, nous proposons d'abord l'adoption de notre combinaison, parce qu'elle répond à un besoin réel de la société — Alors la guerre civile ne sera plus à redouter.

*
* *

Indépendamment de la guerre civile ainsi évitée, notre combinaison atteindra un autre but, celui d'éteindre la dette du pays ; car, en achetant chaque année des titres de rente au moyen des deux contributions que nous proposons, représentant ensemble un chiffre annuel de 150,000,000 de fr., elle retirera de la circulation pour autant de titres, et, à un moment donné, la dette publique se trouvera éteinte ; l'argent reçu actuellement par tout porteur de rente française qui habite l'étranger restera en France. — Le pays sera son propre rentier. — Il se devra et se payera à lui-même le revenu qu'il paye aujourd'hui à des tiers. Cette contribution se poursuivant, il en résultera que, par la succession des années, la retraite pourrait être portée plus tard de 500 à 750 fr., 1,000 fr. par chaque tête et au delà, puisque le capital augmentera chaque année, et le jour où toute la rente sera rachetée, c'est-à-dire la dette publique payée, l'emploi de ces contributions pourra se faire en acquisition de propriétés foncières.

En 1793, Cambon créa le Grand-Livre de la dette nationale.

Aujourd'hui, il s'agit de créer le Grand-Livre de la Rente nationale. — Grand-Livre bien autrement important, puisque, par sa création, il remplacera celui de la dette publique.

Ainsi donc, par cette combinaison, on arriverait à arracher la vieillesse à la misère et à sauver le pays de la guerre civile et de la faillite.

En outre, la prospérité du pays s'accroissant de jour en jour, on obtiendra un résultat encore plus rapide.

En effet, les intérêts de l'ouvrier se trouveront intimement liés à ceux du pays ; tous ses efforts tendront à augmenter par son travail la fortune publique, d'où découlera son bien-être et celui de sa famille : — il deviendra conservateur.

Les cultivateurs ne quitteront plus les campagnes pour aller chercher dans les villes un salaire plus élevé, en vue d'amasser des ressources pour leurs vieux jours. Ce sera un moyen efficace de conserver des bras pour l'agriculture.

Si le pays n'était pas aussi malade qu'il l'est, si ses finances n'étaient pas épuisées, on aurait pu dès maintenant obtenir un résultat presque immédiat ; mais aujourd'hui, on ne peut compter que sur l'épargne, qui, accumulée d'année en année, constituera, à un moment donné, une fortune immense au pays.

En tout cas, commençons aujourd'hui à mettre en pratique notre système d'épargne ; ne l'ajournons pas. Répondons aux légitimes demandes de la classe ouvrière, et même à celles des gens qui, nés dans certaines conditions de fortune, tombent, à la suite de revers, dans la misère.

Si cette combinaison avait été mise en pratique au commencement du siècle, tous les Français âgés de 60 ans auraient aujourd'hui une rente, non pas de 500 fr., mais bien plus importante, car le capital de cette épargne s'élèverait maintenant à plus de 60,000,000,000, et l'Etat n'aurait pas de dette.

Cet impôt productif aura encore un autre avantage : ce sera d'enlever à certaines sociétés dites de bienfaisance le monopole des aumônes, dont elles aiment tant à se faire les dispensatrices ; ce qui est quelquefois un moyen de corruption et toujours une atteinte à la dignité de l'homme.

Un des mérites de notre combinaison se trouve dans

cette contribution, à laquelle sera soumis l'enfant dès le jour de sa naissance. Ce sera le legs de la famille, et, au besoin, de la société, car la société qui adopte l'enfant orphelin, lui doit aussi son aide au jour de la vieillesse.

C'est de ce principe reconnu que découleront alors les heureuses conséquences que nous avons signalées plus haut. Ce sera le règne de l'ordre, de la morale et d'une parfaite harmonie dans les rapports de la famille et de la société.

Dès ce jour, l'homme sentira en lui une fierté secrète de l'indépendance qu'il aura acquise, et dont il jouira par ce nouvel ordre social, qui sera son œuvre.

Février 1871.

A l'époque où cette Notice fut écrite (février 1871), l'auteur n'avait pas présent à la pensée l'application du système des assurances. Mais, depuis dix ans, les Compagnies d'assurances ont acquis un grand développement, et on a pu constater les heureux résultats obtenus par elles.

Aujourd'hui, au cas où on n'admettrait pas l'intervention directe de l'Etat dans la perception et l'administration des capitaux, on pourrait obtenir du gouvernement, à l'instar de la Banque de France et du Crédit Foncier, l'autorisation de créer une autre institution qui prendrait la dénomination : *Assurances nationales de France*. Cette institution privilégiée serait, comme la Banque de France et le Crédit Foncier, soumise au contrôle de l'Etat.

Si cette proposition était acceptée, le pays aurait

donc le complément de l'assise de sa fortune et de son bien-être. Les *Assurances nationales* marcheraient de pair avec les deux institutions qui les auraient précédées dans un ordre de succession parfaitement logique.

En effet, la Banque de France, sauvegarde du Commerce et de l'Industrie, aide puissamment à leur développement, grâce aux énormes capitaux que lui fournit le pays.

Il en est de même du Crédit Foncier de France, assise de la propriété, qui en détruisant l'usure qui la dévorait, a donné un essor considérable à l'industrie du bâtiment.

Les *Assurances nationales de France* seraient donc le complément de la fortune du pays; elles assureraient sa tranquillité, et feraient disparaître ce spectacle affligeant de la misère, qui dévore la classe la plus nombreuse de la société.

Ainsi, ces trois institutions, la *Banque de France*, le *Crédit Foncier* et les *Assurances nationales* seraient trois sœurs inséparables, dignes l'une de l'autre, et pourraient désormais marcher d'un pas égal à la conquête de la fortune, du bien-être et de l'ordre social.

Paris. — Dubuisson et Cᵉ, imprimeur breveté, rue Coq-Héron, 5.

Paris. — Imp. Dubuisson et Cie, rue Coq-Héron, 5.